HUMORIS
CAUSA

Caloi

Editorial Sudamericana

Diseño de interior y tapa
JUAN PABLO CAMBARIERE

Caloi
Humoris causa - 1ª ed. - Buenos Aires : Sudamericana, 2006.
96 p. : il. ; 21x28 cm. (Humor)

ISBN 950-07-2742-0

1. Historieta Argentina. I. Título
CDD 741.5

IMPRESO EN LA ARGENTINA

Queda hecho el depósito
que previene la ley 11.723.

Humberto I 531, Buenos Aires.

www.edsudamericana.com.ar

ISBN 10: 950-07-2742-0
ISBN 13: 978-950-07-2742-6

Esta edición de 5.000 ejemplares se terminó de imprimir
en Gráfica Pinter S.A., México 1352, Bs. As., en el mes de mayo de 2006.
www.graficapinter.com.ar

Caloi (Carlos Loiseau) nació en Salta, Argentina, el 9 de noviembre de 1948. Publicó en distintos medios desde sus comienzos en la revista *Tía Vicenta*, en 1966, hasta el presente. Desde 1968 es dibujante de distintas secciones del diario *Clarín*, y desde hace varios años colabora todos los domingos en la revista *Viva*.
Su personaje "Clemente" fue nombrado Patrimonio Cultural de la Ciudad de Buenos Aires y llevado a la televisión como muñeco y en animación 3D.
Ha realizado numerosas exposiciones y ha recibido diversos premios, tanto en su país como en el exterior.
Lleva editados más de cuarenta libros.
Es el creador y conductor del programa televisivo *Caloi en su tinta* (de 1990 a la actualidad), dedicado a la divulgación de cortometrajes de animación, historietas y artes plásticas en general.

www.caloi.com.ar

NO, EL CUERPO YA LO TERMINÉ. LO QUE TODAVÍA NO ME SALE ES EL ALMA
CALOI

SÍ, SÍ... "CRECED Y MULTIPLICAOS"... PERO ¿POR CUÁNTO?...
CALOI

CALOi

CAloi

Caloi

Geografía
Tema: Europa

AQUÍ ME PONGO A CANTAR...
CALOI

Caloi

CALoi

¿VES?... UNA COSA ASÍ QUIERO PONER YO PARA ADORNAR EL JARDÍN DE ADELANTE
CALOI

RESTAURANT
BAR CANILLA
LIBRE
CALOI

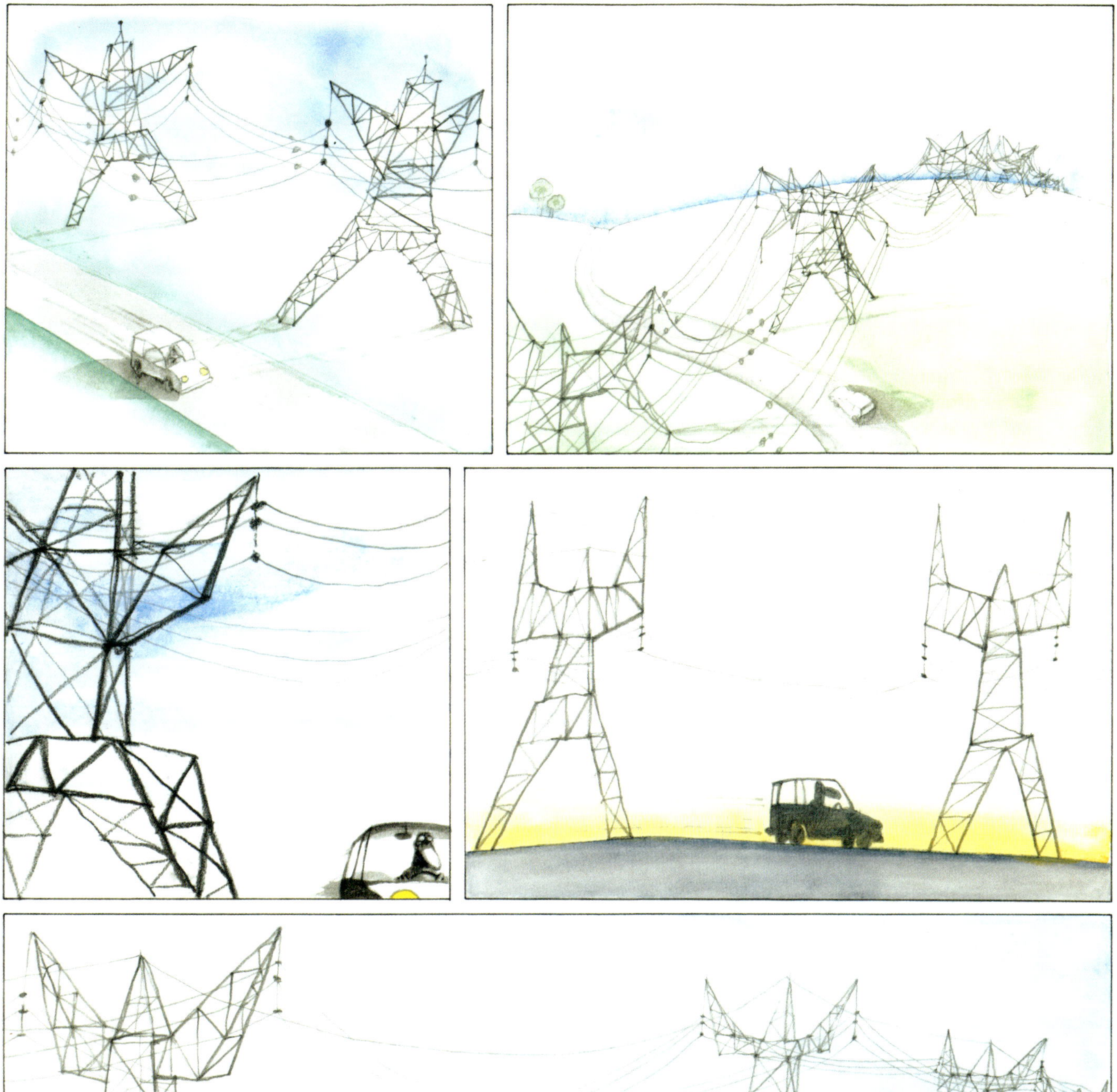

Caloi

CALOi

Caloi

CALOI

Caloi

—DICE MI SEÑOR SI NO LE PERMITIRÍA PASAR UN RATITO A ESCUCHAR LA LLUVIA SOBRE EL TECHO DE CHAPA

¡PST!
Caloi

TODOS A LA
PZA. EL 25/5
DALE!!
Caloi

DEODORANTE
CALOI

S
S
Caloi

Caloi

Caloi

C
SALIDA
Caloi

MUNICIPALIDAD
Caloi

Caloi

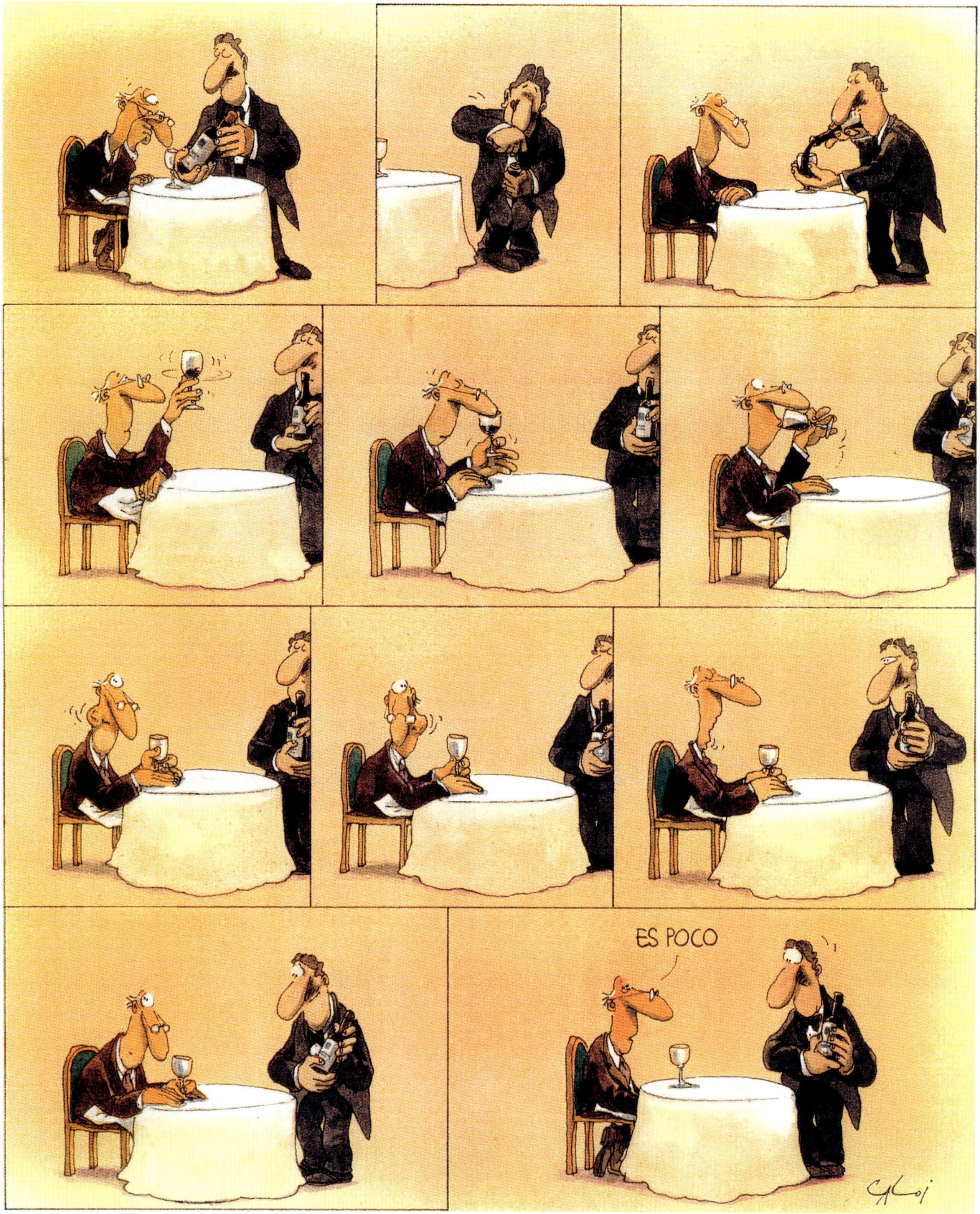
ES POCO
Caloi

Caloi

SEIKO
Taxi
Defensa
Estados
P
22
74
CALOI

Caloi

MAMMA
MAMMA...
MAMMA
MAMMA?...
¡MAMMA!... ¡BASTA, MAMMA!
CALOI

PIRATA INDUSTRIAL
RAUL
5
EL TREN DE LA ALEGRÍA
Caloi

EL 25/5
TODOS A

Caloi

Caloi

Caloi

CALOI

Caloi

E SUBTE
AMBAS DIRE
Caloi

CALOI

ETC.
CALOI

CALOI

Caloi

CAloi

CALOi

RAN
EATRO
MPORADA
ÍRICA
GT
CONCIERT
PALCO 7
CALOI

CALoi

POEMAS
NOVELA
ENSAYO
CUENTO
POESÍA
CALOI

Venta
Caloi

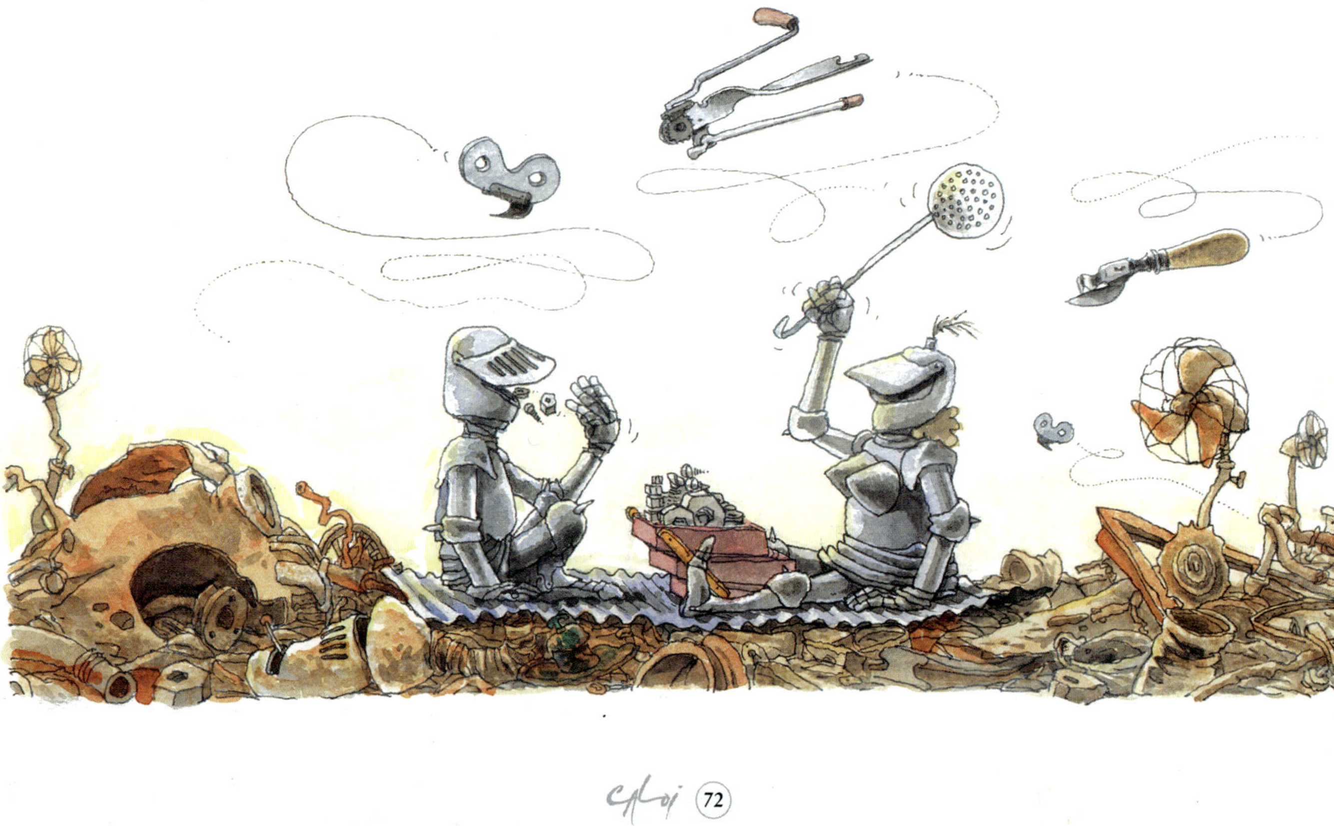

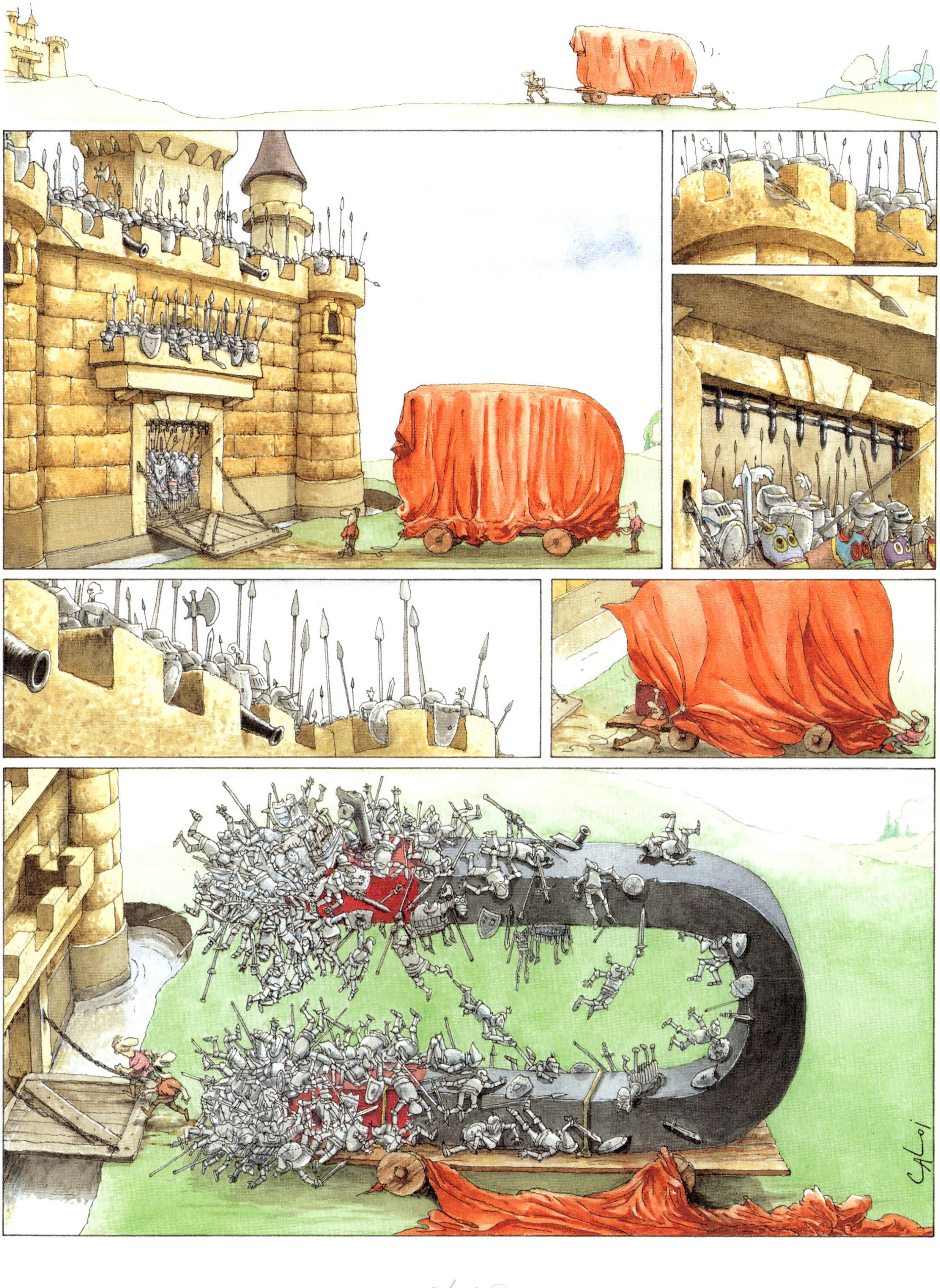

Caloi

VAMOS, SUÉLTELO. DEJE VOLAR LIBREMENTE A SU INCONSCIENTE
Caloi

A
A
Caloi

CALOI

Caloi

DOCTOR, HE DESCUBIERTO ALGO QUE VIAJA MÁS RÁPIDO, QUE ES MÁS VELOZ QUE LA LUZ: EL RECUERDO
CALOI

Caloi

Caloi

37
Caloi

Caloi

Sr. Juez:
CALOI

cielo
1
2
3
4
5
6
7
8
9
Caloi

CALOI

Y AHÍ VAN
SUS SUEÑOS,
SUS IDEAS,
SUS MENTIRAS...
PAX
CALOI

GUARDARROPA
ARROPA
Caloi

Caloi

NOSOTROS, EN CAMBIO,
CREEMOS EN LA EXISTENCIA
DE UN DIOS IMPERFECTO

Caloi

NO, YO NO FUI. EL CIELO, LA TIERRA, LOS ANIMALITOS, LAS PLANTAS, SÍ. PERO YO CON ESO NO TENGO NADA QUE VER
DICE QUE EL NO CREÓ AL HOMBRE
CALOI